武当秘传软硬功

刘霓 著

北京体育大学出版社

责任编辑：曾　莉　张志富

责任校对：王泓滢

版式设计：高文函

图书在版编目（CIP）数据

武当秘传软硬功 / 刘霓著 . -- 北京：北京体育大
学出版社，2024. 12. --ISBN 978-7-5644-4110-4

Ⅰ . G852.6

中国国家版本馆 CIP 数据核字第 20244LM509 号

武当秘传软硬功

WUDANG MICHUAN RUANYINGGONG

刘霓　著

出版发行：	北京体育大学出版社
地　　址：	北京市海淀区农大南路 1 号院 2 号楼 2 层办公 B-212
邮　　编：	100084
网　　址：	http://cbs.bsu.edu.cn
发 行 部：	010-62989320
邮 购 部：	北京体育大学出版社读者服务部 010-62989432
印　　刷：	北京昌联印刷有限公司
开　　本：	710mm×1000mm　　1/16
成品尺寸：	170mm×240mm
印　　张：	14.5
字　　数：	185 千字
版　　次：	2024 年 12 月第 1 版
印　　次：	2024 年 12 月第 1 次印刷
定　　价：	45.00 元

作者简介

刘霓，中国传统文化促进会武学委员会副主任，中国武术七段，国家级武术段位制考评员、指导员，国家级社会体育指导员及培训导师；河南省混元太极拳研究会总教练，河南省中老年体协特聘专家；陈式太极拳第十二代传人，陈式心意混元太极拳第三代传人。现任"河南体育学院功力队"总教练，至今已培育出了数十位全国冠军，被学院多次评为"优秀教练员""先进工作者"。

　　武当功夫，练法众多，从其练功目的与功法特点上讲，主要可分软、硬二功。但两功又不能截然分开，不能一味地强调非软即硬，只有软硬兼修与刚柔相济，再加得法与勤修，方能练得一身武当内家纯功。

　　软功，也称"柔劲功"，其功轻灵绵软，注重柔化，暗劲善变。柔软功，抻筋拔骨，软活顺溜，为武术入门基础，乃初级软功；翻躥功、跑跳功，身轻如燕，为软功轻灵之法；太极球，为软功壮实之法，柔中寓刚；绵掌功，修炼内劲，注重穿透，为软功上乘。

　　硬功，也称"刚劲功"，其功注重力度，求坚求硬，劲法刚猛；技击界练之较多，非常实用，用以击敌，杀伤强烈。

　　鹰爪功、石锁功，为硬功坚强之法，专求大力，暗含阴劲；千斤坠，专修桩功，动中有静，属硬功外壮；铁头功、铁臂功、铁肘功、铁膝功、铁腿功，为硬功阳劲之法，求刚求猛；铁掌功、铁指功、铁拳功，主练梢节，求快求硬，为硬功必修之法；闪打功，软中带硬，攻防兼具，融合身步，切合实战，乃技击必修之功。

目　录

第一章　柔软功

第二章　翻蹿功

第三章　跑跳功

第四章 石锁功

第五章 太极球

第六章 千斤坠

第七章 闪打功

第八章 绵掌功

第九章 鹰爪功

第十章 铁头功

第十一章 铁臂功

第十二章　铁肘功

第十三章　铁膝功

第十四章　铁腿功

第十五章　铁掌功

第十六章 铁指功

第十七章 铁拳功

第一章

柔软功

　　柔软功，俗称"拉筋功"，是最常见的武当软功，也是武当武术入门的筑基功。

　　柔软功主要有柔腿功、柔腰功两种。练习者练之可使腰腿灵活，柔韧有力。

　　柔软功，也称"童子功"，主要因为此功比较适合少年儿童练习，少儿筋骨初长，可塑性强，功效明显，更易有成。

溜腿功

有所谓"打拳不溜腿，一世冒失鬼"一说，柔腿功最初一步，应从溜腿下手。所谓溜腿，即连续踢腿，使筋骨利落，发劲顺溜。

练习之时，支撑腿要牢稳、宜挺直；腿踢出时务必踢得开，使腿筋打开，使腿劲放开。

两腿交替练习，愈踢愈顺，愈踢愈猛，自然有功。

【功夫练法】

1. 正溜腿。（图1-1至图1-3）

❁ 图1-1

❁ 图1-2

❁ 图1-3

2. 侧溜腿。（图1-4至图1-6）

☆ 图1-4

☆ 图1-5

☆ 图1-6

3. 外溜腿。（图1-7至图1-9）

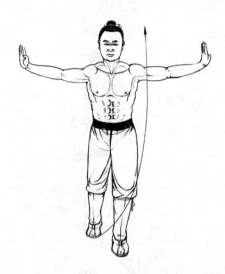

☆ 图1-7

☆ 图1-8

☆ 图1-9

4. 里溜腿。（图1-10至图1-13）

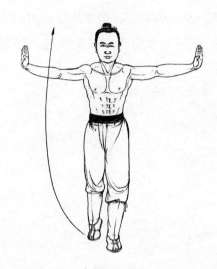

❀ 图1-10

❀ 图1-11

❀ 图1-12

❀ 图1-13

二

朝天蹬

【功夫练法】

练习者一腿站直，另一腿伸开，用手从身体侧面（或前面）用力向上搬，使其竖立而起，脚尖向内，脚底向天，故名朝天蹬。

左右皆要练习。（图1-14、图1-15）

⚠ 图1-14

⚠ 图1-15

一字劈

一字劈，也叫"一字腿"，俗称"劈叉"，有横叉、竖叉两式。

【**功夫练法**】

1. 横叉：练习者两腿分向左右，平贴于地，成一字形。一般两脚尖皆向外。（图1–16）

2. 竖叉：两腿分向前后，平贴于地，成一字形。一般在前的脚尖向上，在后的脚尖向外。（图1–17）

❯❯ 图1–16

❯❯ 图1–17

活腰功

【功夫练法】

1. 练习者两脚开立，约与肩同宽，正身而立；两掌移至腰后，十指相叉，掌心向外，两掌背紧贴后腰。（图1-18）

2. 头向后仰，两肩后沉，腰向后折，胸腹前挺。（图1-19）

3. 上身还原，腰部用力，缓缓向左旋转身体。（图1-20）

❖ 图1-18

❖ 图1-19

❖ 图1-20

4. 上身还原，腰部用力，再向右旋转身体。（图1-21）

5. 上身还原，两掌叉于两腰际，拇指在前，虎口向下；并步正立。（图1-22）

6. 腰部用力，上身左倾。（图1-23）

图1-21

图1-22

图1-23

7. 上身还原，腰部用力，上身右倾。（图1-24）

8. 上身还原，腰部用力，上身前俯。（图1-25）

9. 上身还原，腰部用力，上身后仰。（图1-26）

❰ 图1-24

❰ 图1-25

❰ 图1-26

下俯腰

五

【功夫练法】

1. 练习者两脚并步，正身直立；两掌上举，十指相叉，掌心向上。（图1-27）

2. 向前弯腰，头向下俯；两掌向前下方划弧下落，按于地面；两腿挺直，不要弯曲。（图1-28）

❖ 图1-27

❖ 图1-28

3. 松开两掌，后移抱住两踝；额部尽量向小腿贴近。（图1-29）

4. 两腿成大开步，两膝伸直；大幅向下、向后弯腰，使头部潜向裆后；两手从腿部内侧向后上伸，扒贴身体助力。（图1-30）

⚒ 图1-29   ⚒ 图1-30

后拗腰

六

后拗腰，俗称"拗元宝"，即向后折腰。

【功夫练法】

1. 准备一个长条凳，练习者背向凳子，开步站立，离凳约一步远。（图1-31）

2. 向后折腰，头向后仰，两腿站稳；两手举起，随之后伸。（图1-32）

3. 坚持练习，腰一后折，两手即可按住凳面。逐渐降低长条凳高度。（图1-33）

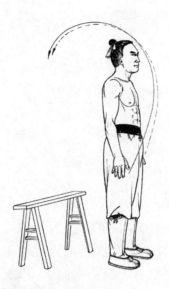

❩ 图1-31

❩ 图1-32

❩ 图1-33

4. 练至不借助凳子，腰一后折，两手即可接地。两手触地后，再把两手向脚跟挪动，加大向后折腰力度，使手能触脚。（图1-34至图1-37）

⊗ 图1-34

⊗ 图1-35

⊗ 图1-36

⊗ 图1-37

5. 此功久练，腰节柔软如绵，灵活异常，可轻松折成一圈，盘成一团。（图1-38至图1-40）

❖ 图1-38

❖ 图1-39

❖ 图1-40

第二章

翻蹿功

　　翻蹿功，属武当轻功，古代侠客多擅长此功。现代社会练习者较少，多保留在杂技团里，用于舞台表演。

　　此功练成，可攀高爬墙，可翻脊蹿房，身轻如燕，灵捷异常。

倒立功

　　倒立功，俗称"拿顶""拿鼎""拿大顶"，是柔软功到翻蹿功的过渡功夫，也属于翻蹿功的基本功。练习者练之可提高平衡能力，并且使人臂力大增。

　　【功夫练法】

　　1. 初练之时，练习者先以两脚靠住墙壁，借力倒立。（图2-1）

　　2. 离开墙壁，倒立竖起，至能坚持数分钟而人不歪倒，即算有成。（图2-2）

　　3. 进而练习倒立动势。即保持倒立不变，以两手向前或向后移动，仍要保持重心平稳。

❯ 图2-1

❯ 图2-2

前手翻

【功夫练法】

1. 练习者向前弯腰，两掌按地。（图2-3）

2. 两腿蹬地，使身体上翻，竖立而起。（图2-4）

3. 两脚向前落下，着力抵地，身形如桥。（图2-5）

4. 腰部用力，上身前翻立起。（图2-6）

⫸ 图2-3　　　　　　　⫸ 图2-4

⫸ 图2-5

⫸ 图2-6

后手翻

【功夫练法】

1. 练习者正身直立，两掌垂于体侧。（图2-7）

2. 腰部用力，头向后仰，两掌向后接地，身形如桥。（图2-8）

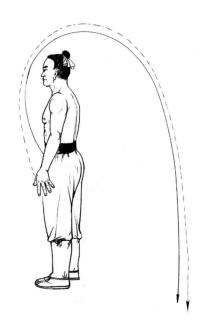

⊗ 图2-7

⊗ 图2-8

3. 两脚蹬地，向上翻起。（图2-9）

4. 两脚后落着地。（图2-10）

5. 腰部用力，上身后仰。反复练习。（图2-11）

⊗ 图2-9

⊗ 图2-10

⊗ 图2-11

四

侧手翻

【功夫练法】

1. 练习者两腿开立，两臂向上摆起，掌心向前。（图2-12）

2. 左脚向左跨出；身体左转，两手向左扑按，左手先落地，右手紧跟；右腿向右后上方伸摆而起。（图2-13、图2-14）

3. 右腿继续左摆，左腿也蹬地向左上方伸摆；两掌撑地，身体倒立。（图2-15）

⊗ 图2-12

⊗ 图2-13

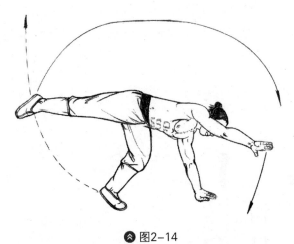

图2-14

图2-15

4. 右脚先落地，左脚紧跟；左手先离地，右手随之。
（图2-16、图2-17）

以上四个动作一气呵成，即是向左侧手翻。左右皆可按此法练习。中间不得停顿，一旦断劲，则身体无法翻转。

❯ 图2-16

❯ 图2-17

侧空翻

【功夫练法】

1. 练习者并步站立，两臂垂于体侧。（图2-18）

2. 左脚上步蹬地，右腿向后上方摆起；上体左倾，身体用力在空中做侧翻动作。右脚先落地，左脚后落地。此法手不撑地，多靠腰部旋劲，手脚协调助力，要快速完成，慢则栽地。（图2-19至图2-23）

五

图2-18

图2-19

⊗ 图2-20

⊗ 图2-21

⊗ 图2-22

⊗ 图2-23

前空翻

【功夫练法】

1. 练习者并步站立，两臂垂于体侧。（图2-24）

2. 两脚蹬地起跳，同时两臂迅速后摆、上扬，然后猛劲下甩。随即，两脚借力反弹腾空，头颈下勾，收腹吸腿，两手抱膝，全身迅速向前翻转一圈。最后两腿下摆，两脚落地。（图2-25至图2-28）

3. 前空翻练习熟练后，再做后空翻，练法参上。（图略）

六

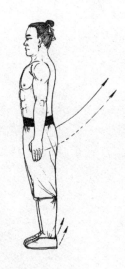

图2-24

图2-25

图2-26

图2-27

图2-28

翻横杠

【功夫练法】

1. 先练升降功。练习者两手握杠，虎口相对，用力引体向上，约至下颌与杠平即下放，再上升。反复练习。（图2-29）

2. 再练"风车旋转"。练习者两手握杠，虎口相对，用力引体向上，至小腹与单杠平齐；接着，两脚向前上扬，两手借力使全身绕杠旋翻一圈；最后，两脚顺势落地站稳。（图2-30至图2-33）

图2-29

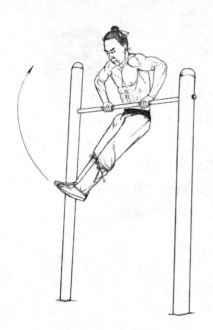

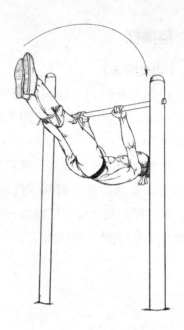

图2-30

图2-31

图2-32

图2-33

拽皮条

【功夫练法】

竖立坚木为架，上架横木，横木底部钉上铁环若干，环上各系一根坚韧的皮条，下垂近地。（图2-34）

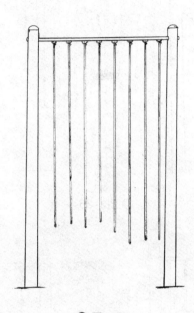

⬆ 图2-34

1. 练习者站于皮条之间，两手各执一根皮条。（图2-35）

2. 右手上拽，用力使身体提升而起。（图2-36）

3. 左手上拽，用力提劲。（图2-37）

两手先向上用力，到顶时再下落，如此反复练习。

4. 上升下降练熟后，再练左右旁行。其他还有翻腾、单手拽、横蹿等法，皆不再详述。

拽皮条功成之后，凡遇高墙陡壁，若有可以着手之地，便可攀藤拽枝，随意上下。

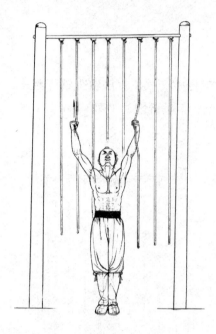

❖ 图2-35

❖ 图2-36

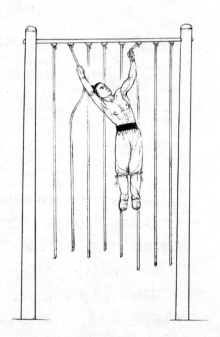

❖ 图2-37

蹿扑功

【功夫练法】

用粗绳结成大网，牢牢系于四个木桩之上；绳网下面厚铺细沙；于绳网一侧做一高台，以备蹿跳。此乃古法，现在有条件者可换用体育蹦床或跳高落地保护垫。（图2-38）

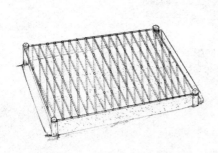

《 图2-38

1. 练习者从高台跃起，前扑而下。跳台由低到高，动作由慢至快，防止受伤。（图2-39至图2-43）

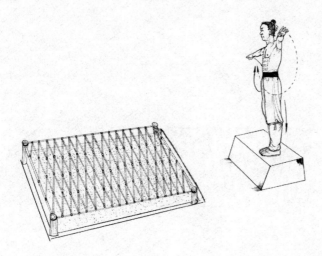

《 图2-39

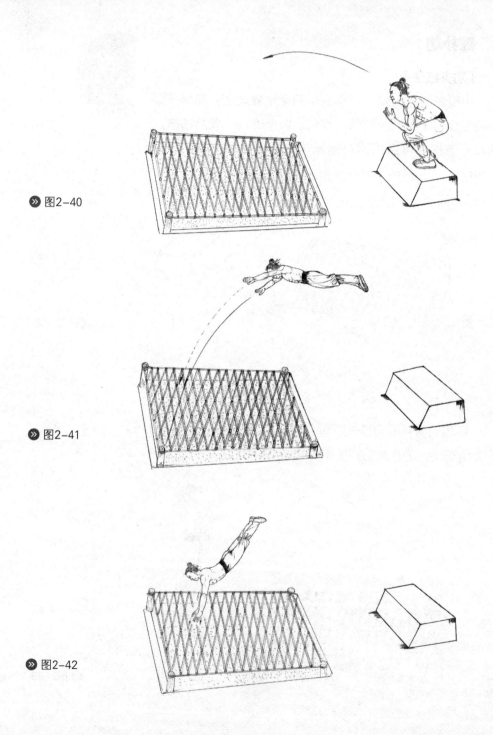

>> 图2-40

>> 图2-41

>> 图2-42

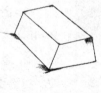

⊗ 图2-43

2. 在绳网一侧加一木架（由低到高练习），上有横杠。要求练习者蹿过横杠，扑于绳网之上。（图2-44）

⊗ 图2-44

蹿钻功

【功夫练法】

1. 竖起一个圆形木桶，练习者从中间蹿钻而过。（图2-45）

2. 竖起一个木框，框里置物，增加障碍，练习蹿钻之功。（图2-46）

>> 图2-45

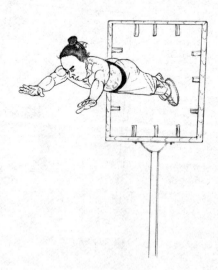

>> 图2-46

第三章

跑跳功

　　跑跳功，属武当轻功，俗称"八步赶蝉"，主要用来提高练习者奔跑跳跃与平衡的能力，使人体能大增，两腿有力，身法巧捷，步法轻灵。

　　古时候，武当山道人多居山中修炼，山高路陡，坡险坑深，只有练好轻功，方可来往自如。

奔跑功

【功夫练法】

1. 练习者先在两腿上捆缚沙绑腿，每天飞跑练习，逐渐加重。（图3-1）

2. 在崎岖不平的路上或山间陡坡练习奔跑。（图3-2）

久练后去掉沙绑腿，则步法轻捷，奔跑如飞。

◆图3-1

◆图3-2

跑缸功

【功夫练法】

1. 练习者身上负重物，沿着水缸边沿行走。（图3-3）

2. 准备数口大缸，并排靠近，负重行走。由慢到快，坚持练功，可使人身法灵巧。（图3-4）

⊗ 图3-3

⊗ 图3-4

三

沿箩筐

【功夫练法】

箩筐，是一种用柳条或竹篾编制的器具。

箩筐装满铁屑，练习者沿着箩筐边沿负重行走。逐渐取出筐中铁屑，直至剩下空筐，人能稳走其上为功成。

（图3-5）

☆ 图3-5

走细沙

四

【功夫练法】

1. 练习者在细沙上蹑脚行走。（图3-6）

2. 身穿沙衣，腿上负重，在细沙上蹑脚行走。（图3-7）

❯ 图3-6

❯ 图3-7

坑中跃

【功夫练法】

1. 练习者腿上负重，站一浅坑之中，用力上跳而出。反复练习。（图3-8、图3-9）

⊙ 图3-8

⊙ 图3-9

2.功夫渐长，练习深坑飞跃。（图3-10、图3-11）

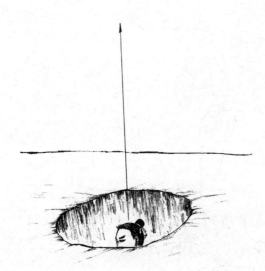

⊗ 图3-10

⊗ 图3-11

3. 功夫有成，去掉身上重物，纵身一跳可上高处，纵身一跃可过陡壁。（图3-12、图3-13）

» 图3-12

» 图3-13

走悬板

【功夫练法】

取木板一块，两端用绳系牢挂起；练习者站于其上，来回行走。（图3-14）

图3-14

七

走高绳

【功夫练法】

取粗绳一根，两端固定结实，远离地面；练习者在上面练习行走。

开始之时，人难站立，一上即落；坚持练习，自能稳行其上。如杂技"走钢丝"。（图3-15）

❯ 图3-15

水上飞

【功夫练法】

所谓水上飞，并非直接在水面上飞跑，要在水面放上借力之物，如木板、气球等。人可猛踩其上，借力快进。此为传统轻功。（图3-16）

❖ 图3-16

第四章

石锁功

    石锁功，是武当武术的传统功夫，属硬功外壮，修阳刚之劲。

    石锁功在古代多为军队练习，用来进行握力、腕力、臂力及腰腿力量的锻炼。后来传入民间，为诸派武功所采用。

    石锁功虽然功效显著，可以短时间改善体质，增强气力，但因石锁很重，所以既要注意操纵，要抓紧拿好，防止被其砸伤、碰伤，同时还要注意不要过度用力，防止伤折筋节或累及脏腑。练习时，要循序渐进，石锁重量由轻到重，动作由慢到快。

石锁

石锁，以青石凿成，其重量一般从10公斤起步，逐渐增至60公斤。练习者宜根据自身功力来挑选，轻重适度为佳。（图4-1）

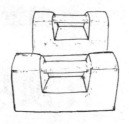

❯ 图4-1

石锁功

【功夫练法】

1. 练习者马步站立，以右手抓住锁簧，提至裆前。（图4-2）

❯ 图4-2

2. 右臂屈肘，把石锁提至右肩前，肘尖向外，手心向下。（图4-3）

3. 翻腕竖臂，将石锁托于右肩外侧，手心向内，锁底向上。（图4-4）

4. 右臂伸开，将石锁举至右肩上方；同时，仰头。（图4-5）

❯❯ 图4-3

❯❯ 图4-4

❯❯ 图4-5

5. 右手持锁向右前方平落，手臂向右前方尽量伸平，手心向下，锁底向下，约与胸平。（图4-6）

6. 右手持锁缓缓向右划弧伸臂。（图4-7）

7. 右手持锁落至裆前，约与膝平。（图4-8）

☆ 图4-6

☆ 图4-7

☆ 图4-8

8. 右手用力，将石锁向右上方抛起，高过头顶。（图4-9）

9. 身体随之右转，两眼紧盯石锁，右手准备抓接。（图4-10）

10. 右手接住锁簧。（图4-11）

❖ 图4-9

❖ 图4-10

❖ 图4-11

11. 顺着石锁下落惯性，右手带石锁向右后下甩。（图4-12）

12. 右手将石锁向右上方抛出，高过头顶。（图4-13）

13. 当石锁下落至约与头平时，右手抓接锁簧。（图4-14）

⇧ 图4-12

⇧ 图4-13

⇧ 图4-14

14. 借惯性顺势带石锁，落至裆前。（图4-15）

15. 右手再度将石锁向右肩上方抛出，高过头顶。（图4-16）

16. 右手握拳，用拳面接住石锁竖面下端，拳面接石锁时要缓冲用力，防止压伤。（图4-17）

图4-15

图4-16

图4-17

17. 右拳向上顶劲，使石锁向上腾起，随即抡转右臂，用右掌背接住石锁，掌心向下。（图4-18）

18. 右掌用劲将石锁腾起，随即屈臂用右肘平接。（图4-19）

19. 再抛起石锁，右肘再接。（图4-20）

❯❯图4-18

❯❯图4-19

❯❯图4-20

20. 右肘将石锁向外抖落，右手随即向下扑抓锁簧。（图4-21）

21. 右手持锁簧从右后方向左上方抛出，此即右背花。（图4-22）

22. 身体左转，右手左伸抓接锁簧。（图4-23）

☆ 图4-21

☆ 图4-22

☆ 图4-23

23. 右手松锁簧使石锁下落，左手接锁簧。（图4-24）

24. 接着练习左背花，练法参上。（图4-25至图4-27）

❮ 图4-24

❮ 图4-25

❮ 图4-26

❮ 图4-27

25. 右手接住锁簧，再经右后方向左侧抛出，此即右盘腰。（图4-28）

26. 向左转身，右手快速抓住锁簧，斜伸于左侧。（图4-29）

27. 右手松锁簧，左手迅疾接抓锁簧。（图4-30）

图4-28

图4-29

图4-30

28. 接着练习左盘腰，练法参上。（图4-31）

29. 左手向右抓住锁簧，身体向左转正，石锁落于裆前。（图4-32、图4-33）

以上动作为石锁右式，练习者可根据自身体力，接做左式一遍。

❯ 图4-31

❯ 图4-32

❯ 图4-33

为了增加功力，除了石锁功之外，武当传统功夫中还有不少类似练法，如举杠铃、千斤闸等，略作图示，供读者参考。（图4-34至图4-37）

☆ 图4-34

☆ 图4-35

图4-36

图4-37

第五章

太极球

太极球，为武当道门秘功，阴阳相合，讲究"运球于手，运劲于手；人随球走，球随人走"。歌曰：两手合抱太极圆，多少玄机藏里边。连环多变阴阳劲，行功不离缠丝圈。内劲倍增大力现，浑元一气妙无端。

练习时以两手或单手持球，托举盘送，螺旋缠绕，动作柔缓，连绵不断。练之可使人内劲充盈，腰马有力，周身一气，浑元整壮，是非常优秀的内家秘功。

先练木球，再练石球，后练铁球；先练空心球，再练实心球。先从10公斤重量练起，逐渐增加。练至两手可旋动百余斤铁球，弄之如弹丸，轻松自如时，其功大成。

此功练就后，内力超人，敌难相抗。如用于防身自卫，化接敌招之时，两劲相较，敌方立落下风。如用于反击，可轻松擒伏拿获，克敌制胜，而且两手黏力如胶，敌方一旦被擒，将束手无策，很难逃脱。

怀中抱月

【功夫练法】

1. 练习者两脚开立，与肩同宽，两膝稍屈，成夹马式；两手抱球于胸前，旋转揉动。揉动时，身体不动，唯肩、肘、腕用力揉球。（图5-1）

2. 左脚后退一步，左腿屈膝半蹲，右脚尖翘起，成右虚步；同时，两手揉球，向前托起，约与下颌相平。两眼看球。（图5-2）

☆ 图5-1

☆ 图5-2

推窗望月

【功夫练法】

1. 练习者右脚向右侧摆步踏实，上体右转；同时，右掌托球，运至右前方，高与胸平；左掌离球，护于右腕内侧。（图5-3）

2. 右手托球左转；球至左胸侧，左掌心抱贴球身；同时，右脚向左脚外侧盖步，上体右拧，下盘成叉步。（图5-4）

❮ 图5-3

❮ 图5-4

3. 左脚绕过右脚，向左前方上一步，成左虚步；同时，左掌托球，向前伸出，高与胸平；右掌离球，护于左腕内侧。（图5-5）

⚠ 图5-5

白鹤亮翅

【功夫练法】

1. 练习者两手抱球，收至小腹前，上体略右转。（图5-6）

2. 右脚尖外展，左腿屈膝提起，成右独立步；同时，上体右转约90°，右手托球向右前上方举起，高过头顶；左掌护于右肘内侧。（图5-7）

3. 左脚向左后方落步，左腿屈膝半蹲，右脚尖上翘，成右虚步；同时，右手运球内合，左手接托，约与眼平。（图5-8）

4. 左腿伸膝直立，右腿屈膝提起，成左独立步；同时，上体左转，左手托球，举于左前上方，高过头顶；右掌护于左肘内侧。（图5-9）

❯❯ 图5-6

❯❯ 图5-7

❯❯ 图5-8

❯❯ 图5-9

众星捧月

【功夫练法】

1. 练习者右脚向正前方落步，左腿蹬伸成右弓步；同时，右手于左上方接球，与左手合托，随上体右转，运球至额头前上方。（图5-10）

2. 右脚向左移半步，仍成右弓步；同时，右手托球，向下、向左弧形运球，伸臂托举于左前方，约与眼平；左臂屈肘，左手举于左额上方。（图5-11）

❄ 图5-10

❄ 图5-11

3. 左手向前下落，与右手一起把球合抱；同时，上体向左旋转，下盘成扭步。两手运球至左肋外侧，手心相对。（图5-12）

4. 身体右转，右脚尖外展向前，成右弓步；同时，两手运球，至额头前上方。（图5-13）

❯❯ 图5-12

❯❯ 图5-13

左右献月

五

【功夫练法】

1. 练习者将球运至右手，左手辅助前伸，上体前倾。（图5-14）

2. 左脚向左前方上步，重心左移，身向左转，成左弓步；同时，两手揉球向左前方，至伸臂与额平，成捧球式。（图5-15）

❯ 图5-14

❯ 图5-15

3. 左脚向右前方上步，身向右转，成左弓步；两手继续揉球，从左向右，揉至右前方，至伸臂与额平，成捧球式。（图5-16）

4. 两手继续揉球，向左前方移动，至伸臂与额平，成捧球式；同时，右脚向左前方上一步，左脚尖随即外旋，身体左转，成左弓步。（图5-17）

图5-16

图5-17

日出中天

【功夫练法】

1. 练习者两手揉球，收向怀里，与胸相平，上身转正；同时，右腿屈膝提起，脚尖勾起，准备向前踏步。（图5-18）

2. 右脚向前落步，上体前俯，左腿提起，左脚尖向前勾起；同时，两手揉球至腹前。（图5-19）

❯❯ 图5-18

❯❯ 图5-19

3. 两手揉球不停，揉至下颌前方；同时，左脚向后收提。（图5-20）

4. 两手继续揉球，举至左额前上方；同时，左膝向前提起，高与裆平。（图5-21）

▲ 图5-20

▲ 图5-21

浪子踢球

【功夫练法】

1. 练习者左脚落地，上体左转，右腿向前伸出，脚尖勾起，高与裆平；同时，两手抱球向下、向前揉出，至右小腿上方。（图5-22）

2. 右脚向前落地，身体左转，左腿向左伸出，脚尖勾起，高与裆平；同时，两手抱球向左侧揉出，至左小腿上方。（图5-23）

图5-22

图5-23

3. 动作不停，两手揉至左大腿外侧，上体左扭。（图5-24）

4. 左脚向前落地，右腿屈膝提起；同时，两手揉球至胸前。（图5-25）

5. 动作不停，右脚向左侧摆伸，上体右扭；同时，两手揉球至右大腿外侧。（图5-26）

☆ 图5-24

☆ 图5-25

☆ 图5-26

海底捞月

【功夫练法】

1. 练习者左腿独立，左膝稍屈，左脚旋扣，身体向右转约半周，右脚向右后屈勾，脚心向后上方；同时，左掌托球旋腕，向左后方反托于胯部后上方；右掌抬举于右额前方，上体前倾，头部左转。（图5-27）

2. 右脚向前落步，身体左转约半周，随之左腿屈膝向前提起；同时，左手转球，右手接住，两手捧球向前上方揉转，高与头平，上体前倾。（图5-28）

3. 左脚后勾，脚心向后上方，右膝稍屈；同时，右手托球旋腕，向右后方反托于胯部后上方；左掌抬举于左额前方，上体前倾，头部右转。（图5-29）

☆ 图5-27

☆ 图5-28

☆ 图5-29

九

二龙戏珠

【功夫练法】

1. 练习者右腿仍然独立，右脚旋扣，身体左转约半周，上体前倾；同时，右手运球至身体左侧，与左手合捧，再向前揉伸，高与额平。（图5-30）

2. 左脚向前伸出，勾紧脚尖，右腿略屈；同时，两手揉球至左大腿外侧。（图5-31）

3. 动作不停，左脚向左后方收落，随身体左转，成左弓步；同时，两手揉球向左前方运出，高与额平，上体左倾。（图5-32）

🔼 图5-30

🔽 图5-31

⏩ 图5-32

倒撵猿猴

【功夫练法】

1. 练习者左脚向右脚后侧撤步，身向右转，两腿屈膝成叉步；同时，两手揉球至右肋侧。（图5-33）

2. 左脚向前上步，屈膝下蹲，右腿伸直，成右仆步；同时，两手向下、向左揉球，至左小腿内侧，上体右倾。（图5-34）

3. 右脚向左前方上步，两膝屈蹲，成扭步；同时，两手揉球，提至胸前。（图5-35）

❀ 图5-33

❀ 图5-34

❀ 图5-35

十一

五龙搅海

【功夫练法】

1. 练习者右脚左移，立身而起；同时，两手揉球，前伸于右肋前。（图5-36）

2. 左脚向右前方上一步，脚跟着地，脚尖上翘，重心落于右腿，成左高虚步；同时，两手揉球前托，高与胸平。（图5-37）

3. 左脚落地，右脚上步于左脚后方，两脚间距约与肩同宽，屈膝半蹲；同时，两手揉球，至左腹前。（图5-38）

⊗ 图5-36

⊗ 图5-37

⊗ 图5-38

4. 动作不停, 右脚前移, 两膝略屈, 右脚尖上翘, 左脚跟略提; 同时, 两手向前揉球, 停于左胸前, 上体略俯。(图5-39)

5. 左脚向左前方上一步, 脚跟着地, 脚尖上翘, 重心落于右腿, 右腿屈膝半蹲成左虚步; 同时, 上身前俯, 两手揉球至腹前。(图5-40)

☆ 图5-39

☆ 图5-40

鹿伏衔芝

【功夫练法】

1. 练习者左脚踏实，右脚向右前方弧形摆步，重心落于左腿，屈膝下蹲，右腿伸直，成右仆步；同时，两手揉球至右小腿内侧，使球近地。（图5-41）

2. 重心右移，右腿屈膝下蹲，左腿伸直，成左仆步；同时，两手揉球至左小腿内侧。（图5-42）

⊗ 图5-41

⊗ 图5-42

3. 左脚向右腿后方插步,两腿屈膝成歇步;同时,上体右转,两手揉球至身前,高与胸平,右手托球前伸,左手护于球后,上体略前倾。(图5-43)

4. 左脚跟落地,左转身约一周,右脚向前一步,脚尖上翘,重心移于左腿,左腿屈膝,成右虚步;同时,两手揉球,抱于小腹前,上身前俯。(图5-44)

图5-43

图5-44

十五

古树盘根

【功夫练法】

1. 练习者右脚向左前方上步，两膝内扣，沉身下坐成歇步；同时，两手揉球至前下方，高与左胯平。（图5-45）

2. 左脚向前绕进一步，两腿屈蹲，上体前俯；同时，两手揉球，下移至左脚前上方。（图5-46）

3. 左脚向右腿后方插步，两膝屈蹲，扭成歇步；同时，两手向右后方揉球，至右肋前时右手转腕，反掌托球右伸，略与右膝平；左手护于右肘内侧，上体右旋左倾。（图5-47）

◇ 图5-45

◇ 图5-46

◇ 图5-47

4. 右脚尖内扣，两腿蹬伸起立，身体左转，两膝半蹲，上身前俯；同时，两手向前下方揉球，停于右脚前上方。（图5-48）

5. 右脚后退一步，两脚与肩同宽，两膝略屈，成夹马步；同时，立起上身，两手揉球而上，抱于胸前。本功至此结束，调匀呼吸，放松全身，恢复体力。（图5-49）

❮ 图5-48

❮ 图5-49

十七

太极大球

【功夫练法】

　　练习者功夫进步了，可再进一步，练习太极大球。将太极大球悬挂高处，运用多种手法、劲法，配合步法、身法进行练习，增强内劲，更利实战。练法从略。（图5-50）

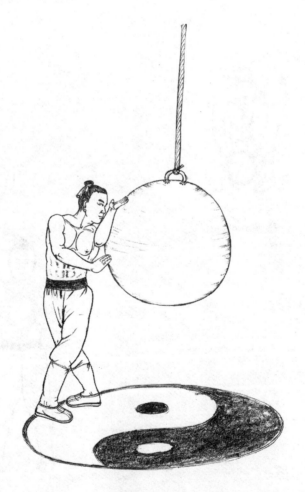

△图5-50

第六章

千斤坠

千斤坠，为下盘桩功，主修沉劲，属硬功外壮，乃武当传统秘功。练之可使腰马坚实，桩步坚定，如千斤下坠，落地生根，任敌摔跌，屹立不倒。

千斤坠也称"石柱功"，是指此功练成之后，桩势一蹲，身如石柱，沉稳异常，可经受数人搬拖，岿然不动。

四平马

【功夫练法】

1. 练习者蹲成四平马步（初练者可取高马步，逐渐放低架势），上身直立，两拳抱腰；意守丹田，鼻呼鼻吸。定势后，保持姿势，坚持为功。（图6-1）

初练者约三五分钟，即感两腿酸麻，甚或发颤，不能坚持。所以练习者要不怕吃苦，每天坚持，逐渐延时。

功成后，腿脚有力，自然可以久蹲，半小时或一小时而不累不乏，不喘不汗。

2. 仍以四平马步桩蹲立，头顶放碗一个（功夫深了，可再加水）；两臂左右平展，掌心向上，掌心各放碗一只。保持姿势，浑元一体，久站不动，坚持为功。（图6-2）

⊗ 图6-1

⊗ 图6-2

上桩蹲

【功夫练法】

1. 栽置两根木桩，练习者两脚踩上，仍以四平马步定势，坚持为功。（图6-3）

2. 继续在两大腿上横置一块条石，如法站桩。（图6-4）

◎图6-3

◎图6-4

三

抱石鼓

【功夫练法】

练习者以两手用力抱起石鼓或石鼎，然后贯劲行走。久练此功，可使腰马坚劲，桩步稳固，且可增加手臂力量。（图6-5、图6-6）

石鼓与石鼎皆非常沉重，尤其石鼓又重又滑，初练时很难抱住，且容易脱落，注意不要被砸受伤，或者闪折腰节。

此乃传统练法，仅作介绍，以供读者参考。现代练功者可用其他器物代替，如重砂袋、粗木桩等，选材方便，安全可靠。

❁ 图6-5　　　　　　　　　　　　　　　　❁ 图6-6

千斤坠

千斤坠功练成之后，两腿壮实有力，马步一站，稳固异常，落地生根，即使被数人搬拖，不动分毫，乃传统经典绝技。（图6-7）

四

❀ 图6-7

第七章

闪打功

　　闪打功，是武当派的一种综合功，也是一种切合实战需要的技击功。

　　它通过练眼、走桩、打沙包，使人的眼力敏锐，反应灵敏，步法活泛，拳脚强劲，换势顺溜，可以很快提高临敌攻防水平，极其实用。

古传眼功

【功夫练法】

1. 用淡绿色薄纸，糊成一个风灯；将灯放在黑暗处，练习者则在远处屏息静坐，全神贯注，双目观灯，不要眨眼，久练可增强视力。（图7-1）

2. 眼看砖墙，或屋顶的瓦数。快速计数，目光转视，练习反应。久练能于一瞥之间，说出数目，不差毫厘，至此则眼力超人。（图7-2、图7-3）

» 图7-1

» 图7-2

3. 更进一步，练习观数活动之物，如观数河鸭，观数麻雀，观数蚁虫等。动物游行无定，忽东忽西，欲于转瞬间数清，非常不易，非下一番苦功不可。（图7-4至图7-6）

❮ 图7-4

▶ 图7-5

▶ 图7-6

梅花桩

【功夫练法】

（一）平地练法

1. 初练之时，不必上桩，先在平地上练习。地面画圆圈若干，每五个圆圈视为梅花一朵，中间一个实心圆圈，其四角各一个空心圆圈。每个圆圈间距要远近适宜。（图7-7）

2. 练习者以独立朝岗式站立在实心圆圈上。（图7-8）

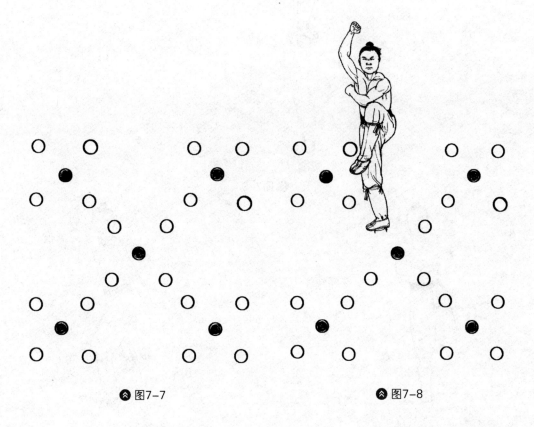

◈ 图7-7　　　　　　　　　　◈ 图7-8

3. 然后开始练习走步或跳步。（图7-9至图7-12）

等到练至在平地上来来回回，感觉进退自如、跳跃随意时，即可正式上桩。

❁ 图7-9

❁ 图7-10

❁ 图7-11

☆ 图7-12

（二）桩上练法

1. 正式练功的梅花桩用坚木制成，下部埋入地下，上部露出地面。练习者先于桩上站马步，初用脚心，再用脚跟，最后用脚尖。（图7-13）

2. 在桩上来回进退、跳跃，由慢到快，落点要准确，立身要平稳。练至能在桩上活动如履平地时，即算功夫有成。（图7-14）

❯ 图7-13

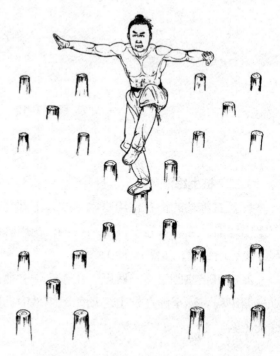

❯ 图7-14

参差桩

【功夫练法】

1. 栽立高低不一、大小不等的木桩，作为走步练身之用。与梅花桩不同，木桩须参差不齐。（图7-15）

2. 练习者于桩间走闪，身上各部皆不得与木桩相触，走时又须东旋西转，如蝴蝶穿花、青蛇入草。（图7-16）

《 图7-15

《 图7-16

四

沙包混打功

【功夫练法】

1. 制作一个大木架，固定牢稳；木架四面悬挂中型沙包，数量多少不定，初练时可四方各挂一个，以后逐渐增多。（图7-17）

⌃ 图7-17

2. 练习者身居中央，出拳击打某一沙包，使之向外荡出；等沙包荡回时，先用拳顶住，再用劲将其击出。如此反复练习，两拳互换，出击要快，发力要猛。（图7-18至图7-20）

⋀ 图7-18

⋀ 图7-19

图7-20

3. 用拳击打多方沙包, 反应要灵敏, 换式要顺溜。
（图7-21至图7-23）

图7-21

⊗ 图7-22

⊗ 图7-23

4. 再以腿、膝、肩、头等部位，交替混合击打沙包，配合多种步法，以更为接近实战。（图7-24至图7-26）

» 图7-24

» 图7-25

《 图7-26

5. 逐渐增加沙包数量，如法击打，久之则进退自如，有来有回；发力迅猛，前后左右，无所不至。纵遇多敌围攻，也能闪展腾挪，从容对付，而且发劲惊人，极其实用。（图7-27）

《 图7-27

第八章

绵掌功

　　绵掌功，属掌功内壮，外柔内刚，软中带硬。

　　此功一旦练成，手掌暗含阴劲，如绵里裹铁，令敌胆寒。

　　绵掌功又被称为"朱砂掌"或"红砂掌"，是因绵掌击人，敌仅皮肤发红，看似很轻，其实已被重创。

　　据传，绵掌功大成者，可隔着豆腐断砖石，而豆腐不碎，大力无形，堪称武当绝学。

旋摩功

【功夫练法】

（一）摩珠袋

先制作"绵掌珠袋"。在一帆布袋中装上铁珠或钢珠，将其缝紧备用。练习者行功之时将其放置桌上，铺平之后，用掌心紧紧按住，使用单掌或两掌齐按均可。（图8-1）

开初仅用力按，不必转动。

练习若干日后，即将手掌渐渐移动，沿其边框摩转，先轻后重，先缓后速，反复练习。

此功可通经活络，强筋壮骨，使两掌萌生暗劲，柔中带刚，灵活而有力。

❖ 图8-1

（二）摩豆功

1. 于石碗中放入黄豆，练习者立于石碗边，用掌按于黄豆之上，左右用劲旋摩。越摩越要加力，不可放松。（图8-2）

2. 将掌渐离黄豆，凌空行之，做势摩动，臆想豆如珠走玉盘，旋行不止。此谓"虚中有实"，练习数秒即可，不宜过长。（图8-3）

❀ 图8-2

❀ 图8-3

（三）摩砂功

1. 于石碗中放入铁砂，练习者立于石碗边，用掌按于铁砂之上，左右用劲旋摩。越摩越要加力，不可放松。（图8-4）

2. 将掌离开铁砂，凌空停住，臆想掌砂相连，砂随手起。臆想即可，接着再行旋摩。（图8-5）

图8-4

图8-5

拍打功

【功夫练法】

（一）拍袋功

1. 练习者先把右掌提起，然后对准"绵掌珠袋"，向下沉劲，缓缓拍击。此为绵劲练习，要软里带硬，用力不必过重。（图8-6、图8-7）

2. 再换左手，如法练习。（图略）

3. 再进一步，则一拍之后即加摩转（方法参上），然后再拍再摩，虚实结合，明暗一体。（图8-8）

❁ 图8-6

❁ 图8-7

❁ 图8-8

（二）拍石功

1. 准备一块坚硬平滑的石板，放置桌面（或石墩）上。（图8-9）

2. 练习者以弓步或马步立于石墩前，先用右掌向下拍击石板。初时不要太过用力，逐渐使掌心肌骨坚实。（图8-10）

3. 继续用左掌拍击，两掌互换。（图略）

4. 拍击后，即以两掌相贴，互相搓摩。摩至发热手乏之时，则稍事休息，接着再行拍击。

如此拍击与搓摩并行，刚柔相济，日久则两掌柔韧有力，软硬兼具。

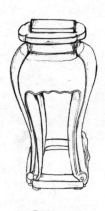

❯ 图8-9

❯ 图8-10

推送功

【功夫练法】

（一）送袋功

1. 制一大沙袋，吊置备用，练习者先以左掌按住（不要离袋），然后向前发力推送。（图8-11、图8-12）

2. 两掌互换，反复练习。（图略）

❯ 图8-11

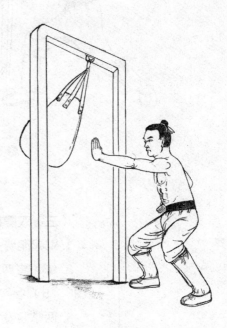

❯ 图8-12

（二）送石功

1. 制一木架，上置青石，练习者先以右掌按住（不要离石），然后向前发力推送。（图8-13）

2. 两掌互换练习。（图略）

开始练时，青石很难用手推动；练习日久，则内力萌生，掌推石动；功成之后，沾石一推，即可送之至远。

此乃两掌"内家绵劲"，看似未动，其实"绵里藏针"，内含暗劲，可伤敌于无形。

❯ 图8-13

（三）双震掌

1. 砌起泥墙一道。（图8-14）

2. 练习者两掌前伸，指尖轻按墙上，掌根蓄劲待发。（图8-15）

3. 两掌急发寸劲，用掌根震击墙面。练至掌到墙歪，方为功成。一旦临敌，掌到人翻，不可抵挡。（图8-16）

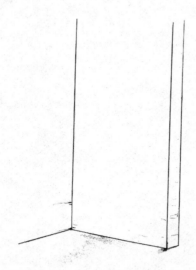

图8-14

图8-15

图8-16

第九章

鹰爪功

鹰爪功，属硬功外壮，主修阳刚大力，是非常实用的内家秘功。

鹰爪功主要有擒抓功、锁扣功、搓捻功三种，三功相辅相成，相得益彰。

擒抓功成，可以分筋错骨，损敌关节。

锁扣功成，可以钳筋断脉，封穴闭气。

搓捻功成，可以坏敌肌肤，致其剧痛。

下面功法中，一到八属于擒抓功；九与十属于锁扣功；十一就是搓捻功。

金鹰喝水功

【功夫练法】

1. 练习者身体前趴，两爪撑地，两臂伸开，约同肩宽，两臂伸直；两腿向后蹬开。（图9-1）

2. 采用顺势呼吸法，鼻呼鼻吸。吸气时，臀部向后凸起，身体从前向后移动，两腿稍屈。（图9-2）

3. 闭气；两臂稍屈，身体继续向后、向下移动。（图9-3）

4. 呼气；两臂用力撑伸，昂首挺胸，腰腹下压；两腿伸开。（图9-4）

反复练习，次数自定。

☆ 图9-1

☆ 图9-2

☆ 图9-3

☆ 图9-4

5. 将两脚置于高处（由低到高，直至人体倒立）；两爪按地，两臂伸直。然后一爪上提，另一爪撑地，两手交替练习。（图9-5至图9-7）

☆ 图9-5

☆ 图9-6

☆ 图9-7

铁牛耕地功

【功夫练法】

1. 练习者两爪撑地，两臂伸直，约同肩宽；两腿伸直，两脚相并，全脚掌着地；臀部向后上方拱起。（图9-8）

2. 两臂缓缓弯曲，上身前移（俯冲势），头部向前昂起；脚跟抬起，躯干与两腿约与地面平行。（图9-9）

3. 两爪用力，还原成起势。此即为铁牛耕地功基本式。（图9-10）

如此反复练习，视体力而行，时日长久，功自精深。

❯ 图9-8

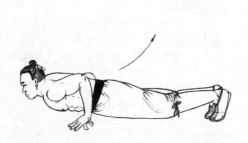

❯ 图9-9

❯ 图9-10

4. 负重铁牛耕地式。动作与上动作相同，但是要练习者身背沙包或砖头，以此增加难度，强化指臂劲力。（图9-11至图9-13）

⚹ 图9-11

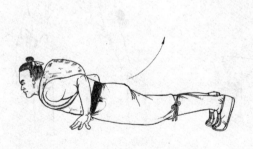

⚹ 图9-12

⚹ 图9-13

5. 桩上铁牛耕地式。动作与上动作相同，但是要练习者手脚支撑在木桩上。（图9-14至图9-16）

⊗ 图9-14

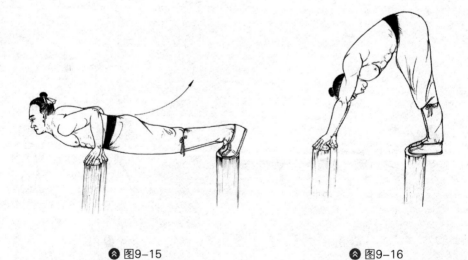

⊗ 图9-15　　　　　　　　　　　⊗ 图9-16

6. 扣碗钻架铁牛耕地式。动作与上动作相同，但是要练习者两爪按碗，向前俯冲钻低架，增加了难度，但更易增劲。（图9-17至图9-19）

▲ 图9-17

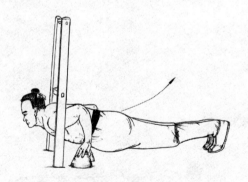

▲ 图9-18

▲ 图9-19

铁爪扑抓功

【功夫练法】

1. 练习者趴在地上，两掌及两脚尖用力撑住，两肘弯曲，身体约与地面平行。（图9-20）

2. 然后，两臂用力，使身体向上耸起，约成弓形。（图9-21）

3. 两掌猛按，两脚猛蹬，使身体腾空，向前跃出。落地后如起势，反复练习。（图9-22、图9-23）

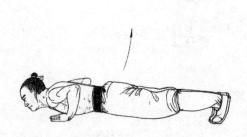

◈图9-20

◈图9-21

◈图9-22

◈图9-23

4. 待用掌练习纯熟后，则变掌为拳，依上法练习。
（图9-24至图9-27）

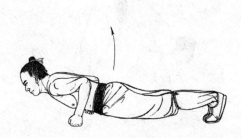

图9-24

图9-25

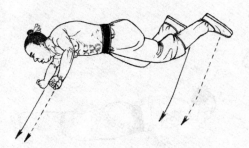

图9-26

图9-27

5. 更进一步，则变拳为爪，依上法练习。（图9-28至图9-31）

☆图9-28

☆图9-29

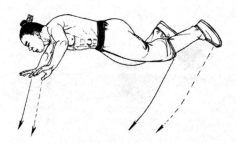

☆图9-30

☆图9-31

6. 上述各法练习纯熟后，再把一腿稍屈盘压在另一腿上，以单脚与两爪撑地向前腾跃。（图9-32至图9-35）

❖ 图9-32

❖ 图9-33

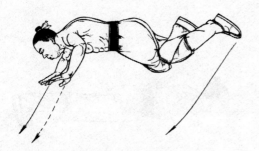

❖ 图9-34

❖ 图9-35

7. 最后练习向后腾跃。（图9-36至图9-38）

⏫ 图9-36

⏫ 图9-37

⏫ 图9-38

提坛功

【功夫练法】

1. 准备小口酒坛一个，重约5公斤。（图9-39）

2. 练习者马步蹲立，用五指抓紧坛口。（图9-40）

3. 用劲缓缓将酒坛提起。（图9-41）

反复提降，两手交替练习，直至力乏为度。

功夫进展后，往酒坛里加铁砂，如上法抓提，逐渐增加重量，如能随意抓提数十斤而不费力，即功大成。

⊙ 图9-39

⊙ 图9-40

⊙ 图9-41

五

拧劲功

【功夫练法】

1. 准备一个双耳小酒坛，用一根细的短绳系牢其两耳；再用坚实木棒一根，棒正中穿一圆孔，用一绳穿之系牢，绳子另一端拴在系坛耳的短绳中间。坛中盛上铁砂或河沙。（图9-42）

2. 练习者以马步桩站于酒坛前；上身挺直，两手分握木棒两端，两手约与肩平，虎口向内相对。（图9-43）

3. 两手交替用力向前拧旋木棒，使绳子缠绕木棒，酒坛自然随之上升。待坛口约升至胸口时，略停片刻。（图9-44）

然后两手缓缓向后旋转，使酒坛降至原位。如此一升一降，反复练习。

等功力增长后，再增加坛中铁砂重量，循序渐进。

⊛ 图9-42

⊛ 图9-43

⊛ 图9-44

4. 最后，练习者站于木桩之上，如上法进行拧卷升降练习。（图9-45、图9-46）

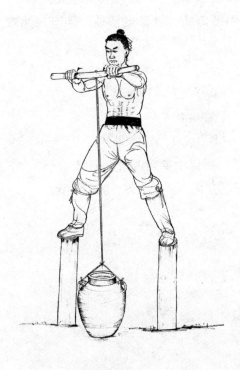

⊗ 图9-45

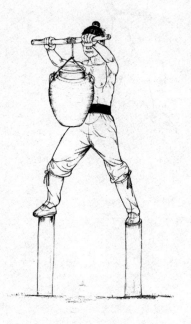

⊗ 图9-46

六

抛接袋

抛接袋功，专门练习两手十指的抓劲和掀劲。

先准备一个中型口袋装铁砂或铁珠，即可开始双人练习。

【功夫练法】

1. 单手正抛。（图9-47）

2. 两手正抛。（图9-48）

3. 单手背抛。（图9-49、图9-50）

砂袋逐渐加重，重量由练习者自行把握。另外，不要拘泥于动作，要灵活变化，正反上下，随心所欲。

▲ 图9-47

▲ 图9-48

⊗ 图9-49

⊗ 图9-50

拔木桩

【功夫练法】

1. 先将一长木桩下端埋入地下，固定筑实；上端约至练习者腹部，用来练习拔木桩功之提升牵拉法。（图9-51）

2. 练习者用一手五指紧扣木桩上端，用力尽量上提。（图9-52）

3. 坚持练习，手指和手腕力量逐渐增大，渐渐可将木桩往上拔动，直至完全拔起为止，此时龙爪功阳刚之劲已足。（图9-53）

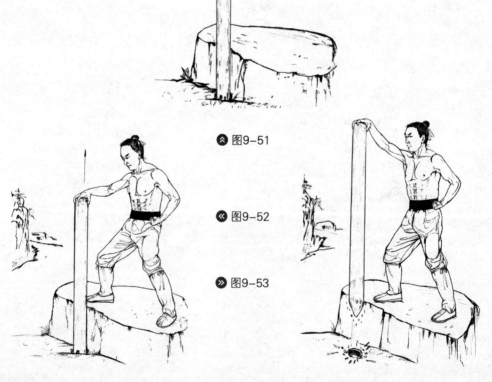

◈ 图9-51

◈ 图9-52

◈ 图9-53

空抓功

【功夫练法】

每日清晨，太阳初升，练习者遥对太阳做抓拉与缠拧之状，用意不用力。两手交替而行，力疲即止。此法可使刚劲化柔，增强两爪内劲，使发力更加灵活难测。（图9-54）

⊗ 图9-54

提石笋

此法专练拇指、食指、中指的捏劲及臂部拎提之力。

【功夫练法】

1. 石笋用水泥直接做成，或用青砂石凿成，上削下广，形如竹笋，大小不等，重量自定。（图9-55）

2. 以右手为例说明。练习者马步蹲立于石笋前；用右手拇指、食指、中指捏住其上部尖端，中指、食指在前，拇指在左，指尖均向下。然后，用力捏紧石笋，向上缓缓提起。再落再提，反复练习。（图9-56、图9-57）

⮥ 图9-55

⮥ 图9-56

⮥ 图9-57

3. 捏提之后，三指不松，然后配合走步练习，更能增力，更利实战。（图9-58）

↑ 图9-58

锁扣功

【功夫练法】

1. 练习者将食指、中指紧紧并合，弯成环形；拇指弯曲，按置在食指、中指之间，拇指、食指、中指紧紧扣牢如锁物状，掌心中空，虎口呈圆形。（图9-59）

成型后，三指开始用力紧扣，越扣越紧，不可放松，默数数字，过疲即止，反复练习。

此法练习方便，功效显著，可易筋增力，使指扣如钳。

2. 手持毛笔练习书法时，三指贯力，越扣越紧，不要松劲，每天勤练，大力自生。此乃古传秘法。（图9-60）

3. 准备厚木板一块，放置在三指中间，参照上法练习锁扣。（图9-61）

▲ 图9-59

▲ 图9-60

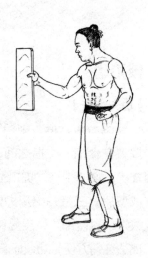

▲ 图9-61

4. 最后，用三指对毛竹、水竹或楠竹等进行锁扣练习，大成之后能将竹捏裂，此时用于临敌擒拿锁骨，必可所向披靡。（图9-62）

△ 图9-62

搓捻功

【功夫练法】

1. 如上功，练习者将拇指、食指、中指捏合在一起，然后慢慢用力向外搓捻，旋转成圆形；再由外向内旋转搓捻，也成圆形；继续往外旋转搓捻。手指感到疲劳时，可稍事休息，有空就练，久久为功。（图9-63）

2. 取黄豆一粒（也可选择其他硬物），仍用拇指、食指、中指捏住，来回旋转搓捻。坚持练习，用力一捻，豆即粉碎，方算有成。（图9-64、图9-65）

十一

⌃ 图9-63

⌃ 图9-64

⌃ 图9-65

第十章

铁头功

铁头功，属硬功外壮，修阳刚之劲。

铁头功主要用来提高头部的抗击打与攻击能力，使头顶骨肉坚实，逐渐坚硬如铁。功夫大成者，头撞可断石碑，乃武当硬功绝技。

头部乃人体要害，练习时千万要防止受伤，一定要缓缓从事，不要过猛过激。即使稍感不适，也要及时调整，或立马停功，可保无患。

头抵墙

【功夫练法】

1. 练习者上身向前倾斜一定角度，把头抵住墙壁（用柔软的布帛绕头缠转数圈，以免磨伤头皮），两掌下伸，掌心贴于两大腿外侧。定势后不动，使头部受力，然后慢慢调息，保持一会。（图10-1）

2. 随着功夫进展，头部皮骨坚硬之后，再去掉防护，参照上法练习头部抵墙。（图10-2）

⚙ 图10-1

⚙ 图10-2

头撞墙

【功夫练法】

1. 练习者左弓步站立，两拳抱于腰间，上体前倾，额头靠近墙壁（先用柔软的布帛缠头数圈，外面可再加缠软铁片一层），缓缓吸气至满。头向墙壁顶撞，两拳向体后甩出助力；同时，用鼻快速喷气。初练此功时，不可用力过猛，撞击次数不宜过多，以免造成内伤。（图10-3、图10-4）

⊗ 图10-3

⊗ 图10-4

2. 去掉防护，参照上法练习头部撞墙，加力加时。
（图10-5、图10-6）

❯ 图10-5

❯ 图10-6

头断碑

【功夫练法】

上述各法练习日久，头部坚硬如铁，故谓之"铁头功"。功夫大成，头撞可断石碑。（图10-7）

⊗ 图10-7

第十一章

铁臂功

　　铁臂功，又名"铁桥功"或"铁扁担"，重点练习前臂的力度与硬度，属硬功外壮，修阳刚之劲。

　　铁臂功的劲法主要有三类，压劲、分劲与格劲。一旦练成，臂硬如铁，可断木桩，可断石柱。

　　实战时铁臂功主要用来防守。当敌方打来时，我方可使用前臂封闭、架挡、拦截或砸击，破解其来招。臂功到家，即使敌方使用棍棒等硬物，我方也能轻松抵挡而不受伤。

　　使用铁臂功攻击时，我方主要可以劈砸敌方手臂或脖颈，致其重创；或者拦扫敌方胸部，致其摔跌；也可用两前臂向内夹击，伤其关节。

压杠功

此功专门练习前臂下压之力，为铁臂功必修功法，是武当传统臂功。

【功夫练法】

1. 先制作"臂功木质单杠"备用。

2. 练习者将两前臂平放于木杠之上，两前臂贯劲下压，使全身上升，两膝提起助力。定势后保持力度，坚持一会。（图11-1）

3. 然后缓缓下降。

如此上升、下降，全凭两前臂下压之力。循序渐进，可增强两臂沉劲，且使臂骨坚硬有力。

❮ 图11-1

压架功

【功夫练法】

1.先制作"臂功竹架"备用。（图11-2）

2.练习者取马步站于竹架旁边，两前臂放在横竹上面，用力下压。压住不松劲，坚持数分钟，稍事休息，然后再压。（图11-3）

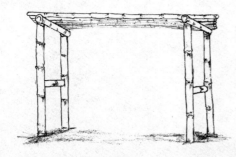

❖图11-2

❖图11-3

3. 随着功力增长，逐渐增加横竹数量，依上法继续练习。（图11-4）

4. 练习日久，毛竹数量递加，能将数层横竹一压即弯，沉劲惊人，功即告成。（图11-5）

⊗ 图11-4

⊗ 图11-5

分竹功

【功夫练法】

1. 先制作"臂功竹框"备用。（图11-6）

2. 练习者先用两手合掌竭力插入正中的两根竹竿之间。（图11-7）

3. 慢慢练习，两臂即可插入竹框。然后用力向外分开，逐渐使竹竿变弯，出现空隙。坚持下去，臂力增强，一分即开，则此功大成。（图11-8）

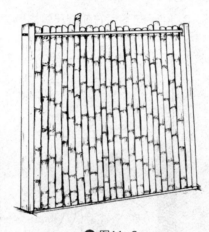

⊗ 图11-6

⊗ 图11-7

⊗ 图11-8

格硬功

【功夫练法】

（一）格木桩

1. 找一树干，上面缠上棉绳或布条。

2. 练习者右脚在前，高弓步站立；右前臂桡侧向前下方格碰树干右侧。（图11-9）

2. 右前臂绕过树干，向上用右前臂尺侧格碰树干左侧。（图11-10）

3. 回手向下用右前臂尺侧格劈树干左侧。（图11-11）

图11-9

图11-10

图11-11

4. 接着，换左臂练习，练法参上。（图11-12至图11-14）

两臂轮番格打，循序渐进。

◎ 图11-12

◎ 图11-13

◎ 图11-14

（二）格树干

1. 练习者面对大树，右脚上步，右臂经左下向右上划弧，用右前臂外侧格击树干。（图11-15）

2. 收右臂，向右旋身，左前臂桡侧向右横劲格击树干。（图11-16）

两臂轮番格打。

⊗ 图11-15

⊗ 图11-16

（三）格石柱

1. 练习者对着圆石柱进行格臂练习，练法参上。（图11-17、图11-18）

2. 练习日久，抡臂发力，可断石柱，臂硬如铁，故谓之"铁臂功"。（图11-19）

◈ 图11-17

◈ 图11-18

◈ 图11-19

第十二章

铁肘功

　　铁肘功，又名"铁杵功"，属硬功外壮，修阳刚之劲。

　　此功主练肘尖（鹰嘴骨）硬度，一旦练成，两肘坚刚，硬如铁杵。

　　肘本刚性，肘骨坚硬，肘头尖锐，再加硬功练习，则如虎添翼。

　　歌曰：武当铁肘功，翻飞如铁杵。近身发硬劲，追魂敌难走。

贯劲功

【功夫练法】

（一）懒龙晒肚

练习者身体仰卧，两肘尖抵地，两手握拳（拳面向上）；两腿伸直，两脚跟抵地。两肘贯劲，保持姿势，坚持为功。（图12-1）

图12-1

（二）凭栏观月

1. 练习者寻一石壁或石碑，身体侧倾，两臂屈肘，右肘尖抵住不动。两肘贯劲，保持姿势，坚持为功。（图12-2）

2. 然后换练左侧。（图12-3）

图12-2

图12-3

（三）懒龙滚地

1. 练习者向左侧卧，两腿相并，身体悬空；左臂屈肘，肘尖抵地，左拳抵住左腮；右臂屈肘，肘尖向上，右拳面抵于右胯。两肘贯劲，保持姿势，坚持为功。（图12-4）

2. 换练右式。（图12-5）

《 图12-4

《 图12-5

（四）拐李醉卧

练习者向左侧卧，左臂屈肘，肘尖抵地，左拳面抵住左腮；左腿伸直，右腿屈膝撑地于左腿前；右臂屈肘在上，右拳面抵住右腮。两肘贯劲，保持姿势，坚持为功。（图12-6）

《 图12-6

（五）鲤鱼出水

练习者身体仰卧，两肘、两脚跟抵地，身体悬空。然后，两肘与两脚猛力抖劲一撑，全身同时上起。（图12-7至图12-9）

落后再起，反复练习。

❯❯ 图12-7

❯❯ 图12-8

❯❯ 图12-9

（六）壁虎爬墙

练习者在墙上多砌几块突出之砖，然后以两肘支撑身体慢慢上攀，带动身体上移。两肘贯劲，坚持为功。（图12-10、图12-11）

❯ 图12-10

❯ 图12-11

托挑功

先制作好"铁肘功大吊袋"，备用。两个吊袋里面装上河沙或铁砂，每袋初装10公斤，逐渐增加至100公斤为止。（图12-12）

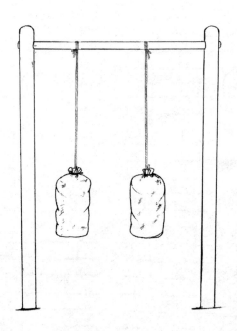

» 图12-12

【功夫练法】

1. 练习者马步站定，屈肘握拳，两臂上抬与两肩平齐，两拳分别置于胸前锁骨之下，拳面相对。然后两肘用力，向上抬起，主练两肘托劲。（图12-13）

如此用两肘上托沙袋，等力乏时，稍微休息片刻，再继续练习。

2. 托劲练成之后，便开始练习两肘上挑之劲。

两肘稍沉，蓄势待发。随即，两肘运劲，向外上方猛然挑起，使两袋上扬。开始时，沙袋仅能稍微腾动，随着肘劲增强，两肘一抖，两袋飞荡，大功有成。（图12-14、图12-15）

图12-13

图12-14

图12-15

击硬功

【功夫练法】

1. 练习者面对木桩或石柱等硬物，左脚上前一步；同时，左肘由下向前上挑击石柱。练习者初练时一定要把握力度，不可过猛，以免受伤。（图12-16）

2. 左肘回收；同时，向左拧身，右肘由下向上挑击石柱。（图12-17）

3. 右肘后收；同时，向右拧身，左肘从左向右摆击石柱。（图12-18）

❯ 图12-16

《 图12-17

❯ 图12-18

4. 左肘后收；同时，向左拧身，右肘从右向左摆击石柱。（图12-19）

5. 向右转身约一周，右肘随之向右后方弧形反摆，击打石柱。（图12-20）

6. 上体左转，左肘随之向左后方反摆，击打石柱。（图12-21）

按上述动作，用两肘反复击打，久之两肘如铁。

✧ 图12-19

《 图12-20

✧ 图12-21

第十三章

铁膝功

　　铁膝功，属硬功外壮，修阳刚之劲。久练两膝有如铁铸，可将粗木撞折，功力惊人。

　　膝法在技击中属短打，贴身近用，主攻下盘，力大难防，再加两膝硬功，更是使敌无法抵挡，可收一膝克敌之效。

盘坐捶膝功

【功夫练法】

1. 练习者盘膝而坐，两手按在两膝之上，以顺时针与逆时针方向，各揉摩数十圈。（图13-1）

2. 揉摩完毕，再以两手握拳，交替捶打膝盖，可使两膝骨节逐渐坚实。（图13-2、图13-3）

❀ 图13-1

❀ 图13-2

❀ 图13-3

3. 两手各执木锤一个（也可用塑胶锤代替），捶击膝盖，先轻后重。（图13-4、图13-5）

4. 捶打完毕，再用两掌进行揉摩，可通经活络，消除疼痛。（图13-6）

⊗ 图13-4

⊗ 图13-5

⊗ 图13-6

跪击铁砂袋

此功又名"铁膝伏虎式"。

【功夫练法】

1. 地面放置一铁砂袋，练习者马步桩蹲立于铁砂袋前；两拳抱于腰间；自然呼吸。（图13-7）

2. 左拳向上经胸前推至右肩前，拳心向下；右拳经小腹推至左腹侧，拳心向内；同时，鼻缓缓深吸，蓄势待发。（图13-8）

☆ 图13-7

☆ 图13-8

3. 身向右转，左膝向下对准铁砂袋猛力跪击；两拳外分助劲；同时，鼻快速喷气。（图13-9）

4. 接练右膝，练法参上。左右反复练习，增强两膝硬度与力度。（图13-10、图13-11）

☆ 图13-9

☆ 图13-10

☆ 图13-11

三

撞硬铁膝功

【功夫练法】

1. 先在木桩上绑上铁砂袋，练习者两膝交替使用前顶、横撞等方法对之操打，可收刚柔相济之效，且可使练习者少受损伤。（图13-12、图13-13）

2. 日久功深，则除去铁砂袋，直接用膝对树猛撞。久之两膝有如铁铸，可将粗木撞折，硬功惊人。（图13-14）

⌄ 图13-12

‹ 图13-13

» 图13-14

第十四章

铁腿功

　　手是两扇门，全凭腿踢人，腿击招法丰富，可放长击远，是实战搏击的主要利器，但必须有硬功加持，方能腿到敌倒。

　　铁腿功，即是专门用来增强腿脚硬度与力度的实战功夫，主要有脚尖的弹踢功、脚底的蹬踹功、小腿的前后扫击功。

　　武当铁腿功，属硬功外壮，修阳刚之劲，方法简单，收效显著。经过练习可使两腿坚硬有力，弹踢如钢镖，蹬踢如火砖，扫踢如铁棍，令敌难挡。

弹踢砖块

【功夫练法】

弹踢砖块，即以脚尖踢砖，练法简易。

练习者可于石台或凳面上，叠放火砖三四块，用脚尖发力，从最上面一块踢起，先慢后快，先轻后重。

初练时，脚尖甚痛，踢时要穿坚实的布鞋或皮鞋，然后再赤脚练习。久则脚尖有力，坚硬如铁，发劲一踢，砖块应之飞出。（图14-1）

❖ 图14-1

蹬踹木石

【功夫练法】

在土中埋设数根低矮木桩，夯实固牢，粗细不等。先练细桩，后踢粗桩。

1. 先练蹬法。练习者正身发力，主要使用脚掌踢击木桩。两脚互换，反复练习。（图14-2）

2. 再练蹦法。练习者侧身发力，主要使用脚跟踢击木桩。两脚互换，反复练习。（图14-3）

练至一脚踢出，木桩随之出土，本功大成。

❯ 图14-2

❯ 图14-3

三

蹬踹重石

【功夫练法】

练习者准备一块重石，搁置在台上或架子上，以技击惯用的蹬腿、踹腿来猛劲踢击，可增强两脚硬度与腿部力量，非常实用。（图14-4、图14-5）

» 图14-4

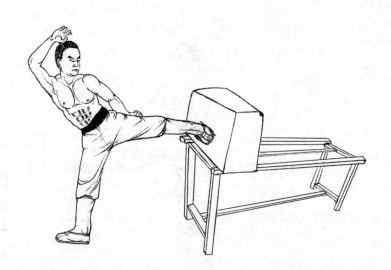

» 图14-5

铁腿扫劲

此功又名"铁扫帚"。

【功夫练法】

1. 选用圆木一根，埋入地下，约同练习者等高；上缠木条或麻绳，开初要缠厚一些，或加一层海绵或胶皮。练习者先用右小腿前胫顺势向前扫击木桩。可连续扫踢，也可紧接下动。（图14-6）

2. 把腿转到木桩另一侧，再用右小腿肚反扫木桩。（图14-7）

❯ 图14-6

❯ 图14-7

3. 练习左腿，练法参上。（图14-8、图14-9）

4. 每天勤练，功成可将木桩扫断，此时铁腿功已至大成。（图14-10）

☆ 图14-8

☆ 图14-9

☆ 图14-10

5. 再选大树，以两腿发力扫击，但难度更高。如能练至每一扫击，则树身晃动，枝叶摇荡，甚至枝叶飘落，铁腿功即成。（图14-11、图14-12）

⌃ 图14-11

⌃ 图14-12

第十五章

铁掌功

　　铁掌功，属硬功外壮，修阳刚之劲，是武当常练的手上功夫。

　　武当铁掌功主要有铁砂掌、推山掌、螳螂掌三大绝技。

　　铁砂掌，主练两掌硬度，可全方位提高掌力。

　　推山掌，专门用来练习掌根发劲，兼练两腕脆劲。

　　螳螂掌，专练侧掌下砍，寸劲冷动，形似螳斧断物。

铁砂掌

【功夫练法】

1. 用厚帆布制成"铁砂掌大吊袋"，再以木架牢牢固定。（图15-1）

2. 练习者马步蹲立；先出右掌推击大吊袋。（图15-2）

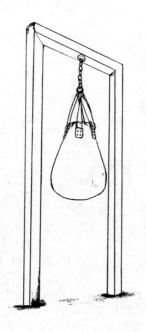

☆ 图15-1

☆ 图15-2

3. 再出左掌推击大吊袋。（图15-3）

4. 两掌连环推击，渐渐加力，大吊袋渐荡渐远。在大吊袋荡回之际，先举右掌拦之，随即用力前擦或向后挫之，使大吊袋不停旋转。转定以后，再推击使之荡出。（图15-4）

❖ 图15-3

❖ 图15-4

5. 大吊袋荡回，再起左掌，如法擦挫。两掌交替而作。（图15-5）

练至能将重达100公斤的大吊袋随手推出，任意擦挫，使之旋转自如而不觉费力时，功夫有成。

>> 图15-5

推山掌

二

【功夫练法】

用比较坚硬的木头（或用钢铁）制成长条形架子，将四只脚牢牢固定。（图15-6）

>> 图15-6

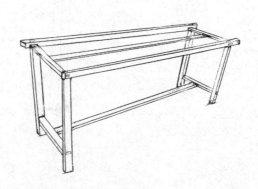

（一）双推掌

1.在架子上面的一端，平置一块长方体的青石，重约150公斤。练习者左弓步站立；两掌平按于石头竖面，掌心贴实。（图15–7）

2.两掌运劲平推，运用整劲。初练时不必着急，即使推青石不动，仍然按法平推。时间一长，自然有功，青石随手推，自可滑远。（图15–8）

⤊ 图15–7

⤊ 图15–8

（二）铁掌寸劲

1. 练习者左弓步站定，两掌按贴于青石之上。（图15-9）

2. 两掌根提起，指尖抵在石面上，两腕蓄势待发。（图15-10）

3. 两掌突然下压，两掌根猝然向前发力，即运寸劲，震推石头。（图15-11）

4. 此功初练选择青石重约20公斤，能应手震出，则再补加一块，先轻后重，继续练习。直至总重量加到100公斤，两掌发劲，石块应手滚出，则推山掌大成。（图15-12、图15-13）

>> 图15-9

>> 图15-10

《 图15-11

《 图15-12

《 图15-13

螳螂掌

此功专练侧掌下砍，因其动作形似螳斧断物，突然发力，又名"螳螂砍刀掌"，简称"螳螂砍"。

【功夫练法】

1. 练习者侧身立于木桌前，左掌以侧掌下砍桌面。（图15-14）

2. 换右掌下砍桌面。两掌交替，反复练习。（图略）

3. 约三个月后，换砍青石。两掌交替，反复练习。（图15-15）

⊗ 图15-14

⊗ 图15-15

4. 苦练不辍，一两年后，一掌砍下，青石断裂，螳螂掌硬功即成。（图15–16）

5. 再准备一箱铁砂，每天按时用两掌砍击铁屑。此法可将刚劲化柔。（图15–17）

⊗ 图15–16

⊗ 图15–17

6. 将数块方砖平直叠起，上面铺上厚桑皮纸（或棉纸），练习者低马蹲桩，立于砖前。先练右掌，掌侧上扬，指尖略向斜上方；迅速折腕向下，用腕力下砍；一砍即收，迅速扬起。（图15-18至图15-20）

❁ 图15-18

❁ 图15-19

❁ 图15-20

7. 减去砖块数量，把纸加厚数层，下砍也能断砖，则螳螂掌大成。（图15-21、图15-22）

❯ 图15-21

❯ 图15-22

8. 先选用瓦一片，直竖于地，瓦两侧用物抵夹稳当；然后用掌突击下砍。开始时，瓦倒而不碎；久练则瓦倒而碎；最后可练至瓦不倒而碎。此为螳螂掌寸劲，乃内家秘传绝技。（图15-23至图15-25）

△ 图15-23

△ 图15-24

△ 图15-25

第十六章

铁指功

铁指功属硬功外壮，修阳刚之力，兼阴柔内劲。

武当铁指功主要有并指功、剑指功、单指功三种，专门修炼两手指尖的穿插力量，用来突击敌方穴道与薄弱要害。

先练并指功（也叫"插掌功"），四指并紧，力量集中，是铁指功的入门基础。

再练剑指功，专门增强中指、食指的功力，主要用于点穴。

后练单指功，专修食指，使食指坚刚，如金针一般，是指功的最高境界。

并指插碑

练习之初，先练四指，即食指、中指、无名指和小指，待四指功成后，再练二指，即食指、中指。练四指时，其着力点仍在食、中二指尖上。

【功夫练法】

1. 练习者侧身立于石碑前，距离约1米，左臂前伸，左手并掌，指尖抵于碑面，贯劲前插（力在中指）。定式后，保持力度。直至手痛指疲，不能支撑时，换右掌练习。（图16–1）

⬆ 图16–1

2. 练习者侧身站立，左掌上提，屈腕垂肘，掌心向右，虎口向上，掌尖对石碑，约与鼻平。左脚前移，向右转身，两腿成右横弓步；同时，左掌向前下插碑面；右掌划弧上提助劲。由轻到重，两手互换，反复练习。（图16-2、图16-3）

△ 图16-2

△ 图16-3

剑指点石

【功夫练法】

1. 在石碑正面画几个圆圈，练习者侧身对石碑，两手成剑指，食指、中指并紧伸直，无名指与小指向下弯曲，拇指扣住无名指与小指。（图16-4）

2. 左手剑指贯劲（力在中指），点刺圆圈。（图16-5）

❮ 图16-4

❮ 图16-5

3. 收回左手，出右手剑指点刺。（图16-6）

坚持练习，剑指功成，点石成坑，堪称绝技。

图16-6

金针指

【功夫练法】

（一）贯劲

1. 练习者两脚开立，约同肩宽；两臂向下伸直，两手中指、无名指和小指屈握，拇指抵压在中指和无名指上，食指向下置于大腿前方，手背向前；意守丹田，呼吸自然。（图16-7）

2. 练习者以鼻深吸气；同时，食指缓缓向正上方举起（指尖向上），两臂伸直，手心向前。（图16-8）

3. 练习者以鼻长呼气；同时，上身前屈，食指缓缓向前下刺（指尖向下），意感力贯指尖，两臂伸直，手心向内。（图16-9）

如此一呼一吸，反复练习，使指与气合，气与力合。

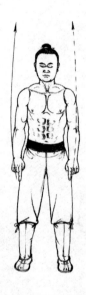

❁ 图16-7

❁ 图16-8

❁ 图16-9

（二）对劲

练习者两手中指、无名指和小指屈握，拇指按压在中指之上，两手食指相抵，使用暗力较劲。越抵越紧，不可放松，力乏即止。方法简单，功效显著，勤加练习，指力剧增。（图16-10）

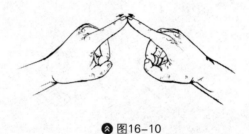

❖ 图16-10

（三）撑功

1. 练习者两臂向前伸直，约同肩宽，仅以两手食指指尖抵住墙壁，手心向下；两腿伸直并拢，离墙而立。（图16-11）

2. 练习者以鼻深吸气；同时，两臂弯曲，身向前压，使食指受力。（图16-12）

3. 练习者以鼻长呼气；同时，食指缓缓用劲前撑，伸直两臂。（图16-13）

如此反复练习。

4. 此功初具火候后，即可用单手食指抵墙，参照上法练习，两手互换。（图略）

⌃ 图16-11

⌃ 图16-12

⌃ 图16-13

（四）卧虎功

1. 练习者全身前趴，两手食指拄地（余指握紧），两臂伸直，约同肩宽；两腿（并拢）伸直，脚跟抬起；腰胯平直，不要翘起。（图16-14）

2. 练习者以鼻深吸气；同时，两臂缓缓弯曲，使身体贴近地面。（图16-15）

3. 练习者以鼻长呼气；同时，两手食指用力，挺起两臂，回复起势。（图略）

如此一起一伏，反复练习。要量力而行，不要硬撑，以免伤指。

◈ 图16-14

◈ 图16-15

（五）侧撑功

1. 练习者左臂伸直，左手食指撑地；右臂伸直，右手食指斜伸向上；两脚交叉斜伸，右脚贴地，左脚靠放在右脚之上；头颈、躯干与两腿约成直线。（图16-16）

2. 练习者以鼻深吸气；同时，左臂弯曲，使身体贴近地面；右手屈臂，食指收在左肩前。（图16-17）

3. 练习者以鼻长呼气；同时，左手食指用力，挺起左臂，回复起势。（图略）

如此上下起伏，左右互换，反复练习。

⊗ 图16-16

⊗ 图16-17

（六）竹绷功

1. 取新鲜毛竹一段，削去内层留青皮一面，用水浸泡使其变软，弯成弓形用绳绷紧，以能用拇指和食指稍弯即可捏住为宜。注意，不能让竹片青皮断裂，不能用火烘烤，否则没有弹性或力量不足，皆有碍练功。（图16-18）

2. 练习者用拇指、食指的合力，把竹绷子捏拢、放开，再捏拢。如此一张一弛，反复练习，直到手指疲劳为止。此功可增强指力韧劲，使之富有弹性。（图16-19）

❰ 图16-18

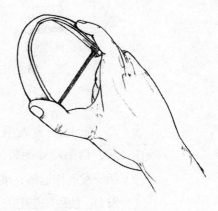

❰ 图16-19

（七）点铁球

1. 先于墙壁前竖起一块弹性较强的长木板，木板插入地下，固定稳当；木板后方横塞几块红砖。练习者聚意贯劲，单用食指抵住板面，缓缓向前点推。用上力后，不要松劲，坚持数秒。此功可强壮指筋，使之内劲大增。（图16–20）

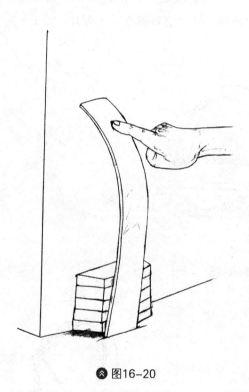

⊘ 图16–20

2. 练习者先用食指抵住悬挂起来的练功大铁球。然后，食指发寸劲频频点击铁球。刚开始指难动球，久练则指一发而球远荡，成就一指刚劲，威力超常。实战时可沾身发力，使敌如遭电击，乃指功绝技。（图16–21、图16–22）

◈ 图16-21

◈ 图16-22

（八）玄罡指

1. 于宽敞屋内，点燃蜡烛若干；练习者马步蹲立于烛前，以一手食指，缓缓遥击而去，意感指出烛灭。如此一出一收，两手互换，反复练习。缓缓从事，不可过快。（图16-23）

此乃传统武功练法，可使练者意与气合，气与劲合，使食指内劲大增。

2. 罩住蜡烛，仍以食指按上法远距遥击。练意求劲，自有妙用。（图16-24）

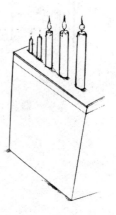

❯❯ 图16-23

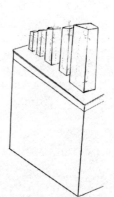

❯❯ 图16-24

第十七章

铁拳功

　　铁拳功，也叫"重锤功"，属硬功外壮，修阳刚之力，融阴柔暗劲，也是武当常练的手上功夫。

　　武当铁拳功主要有冲拳功、崩拳功、扁拳功三种。

　　冲拳功，主练长劲，力量整重猛烈。

　　崩拳功，主练短劲，发力猝然冷动。

　　扁拳功，主练食指、中指、无名指与小指的第二指节的硬力寸劲，拳形独特，可突击奇袭。

一

冲拳遥击

【功夫练法】

1. 练习者每天晚上，站于浅水井旁边，马步蹲桩；两拳交替向井中冲击，意想出拳有风，可动井水。渐渐加快加劲，疲劳即止，逐增次数，也可在桶中或盆中加水遥击操练。（图17-1、图17-2）

❖ 图17-1

❖ 图17-2

2. 面对初升的太阳或欲落的夕阳，马步蹲立；连环冲拳。（图17-3）

3. 面对月亮，马步蹲立；冲拳遥击不断。（图17-4）

4. 于桌上点燃蜡烛十数支，排成一行，面对这一排蜡烛，马步蹲立；以意使劲，两拳遥击，连环不断。（图17-5）

以上拳功，属传统旧传，其中是非，需读者明辨。从内功上讲，乃为"意想假借"之法，有助于激发潜能，增强内劲。古谱谓之"冲拳用意，内力自生。阴劲透骨，伤人无形"。

△ 图17-3

⊗ 图17-4

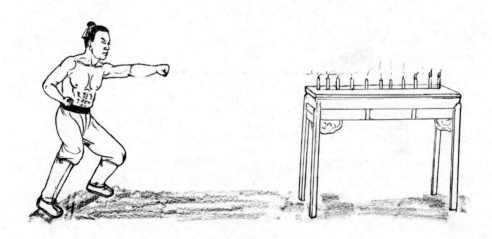

⊗ 图17-5

冲崩沙包

制作中型沙包，四周用绳捆紧，当中拴一根长绳作为拉挽之用。将沙包置于长桌之上，以备拳击。（图17-6）

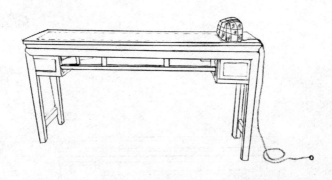

❖ 图17-6

【功夫练法】

（一）冲拳功

1. 练习者马步蹲立，左手拉住长绳；右手握拳，拳面向前，拳心向上，蓄势待发。（图17-7）

2. 右拳旋劲冲出，拳心向下，以拳面猛击沙包。初练时仅能使沙包稍移，熟练后出拳渐能将沙包击出。（图17-8）

3. 左手持长绳将沙包后拖，拉回原处，再冲再练。两手互换，反复练习。（图17-9）

» 图17-7

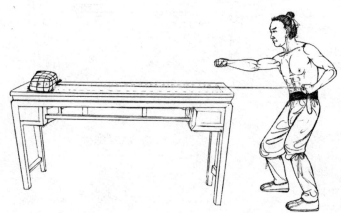

» 图17-8

» 图17-9

（二）崩拳功

1. 练习者马步蹲立，左手拉住长绳；右手握拳，拳面向前，拳心向下，蓄势待发。（图17-10）

2. 右拳寸劲崩出，拳眼向上，以拳面猛击沙包。（图17-11）

读者请注意，两功拳形不同、劲法不同，冲拳功主练长劲，力量整重猛烈；崩拳功主练短劲，发力猝然冷动。望多加体会。

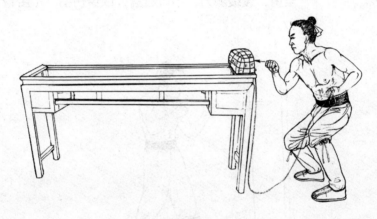

◈ 图17-10

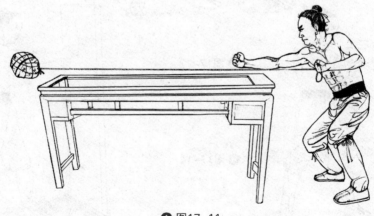

◈ 图17-11

扁拳功

【功夫练法】

1. 开始练习时，准备一块厚木板并固定稳当。练习者面对木板，右臂屈肘，右拳蓄劲（此手形名叫"扁拳"，也叫"半拳"或"小拳"，非常独特，即手不全握，而是半握，拳形扁平，五指屈扣，使食指、中指、无名指与小指的第二指节突出，来发力击打）。（图17–12）

2. 两手以扁拳击木板，短劲震击，连环不断。由轻至重，缓缓加力，不可过猛，以免伤指。（图17–13、图17–14）

≪ 图17–12

≪ 图17–13

≫ 图17–14

3.以扁拳崩击石碑，方法参上。（图17-15至图17-17）

⌃ 图17-15

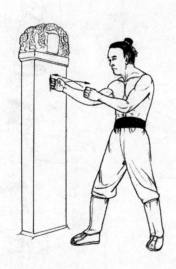

⌃ 图17-16

⌃ 图17-17

四

铁拳寸劲

【功夫练法】

1. 于高处置一石锁或马鞍石，练习者马步蹲立，右拳（扁拳）以指节接近或稍触其侧，蓄势待发。（图17-18）

2. 右手猛然屈指，握成平拳（五指紧握，拳眼向上），以拳面前崩，寸劲抖击。初时，石锁不为所动，随着功力增进，石锁可应拳稍滑。两手交替练习，练至重石能应拳而去，铁拳寸劲即告大成。一旦临敌，"寸劲如电击，伤敌无形意"。（图17-19）

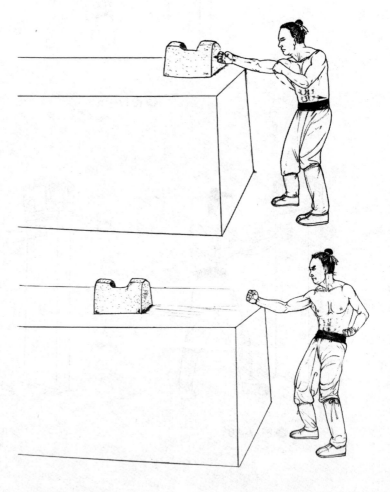

» 图17-18

» 图17-19